TATIANA ROMANO

panelaterapia

Receitas para fazer da cozinha o seu divã

BelasLetras
2ª reimpressão/2015

© Copyright by Tatiana Romano, 2015

Editor
Gustavo Guertler

Coordenação editorial
Fernanda Fedrizzi

Revisão
Equipe Belas-Letras

Capa e projeto gráfico
Celso Orlandin Jr.

Fotos
Tatiana Romano

Foto da autora (quarta capa)
Marcelo Vagner

Dados Internacionais de Catalogação na Fonte (CIP)
Biblioteca Pública Municipal Dr. Demetrio Niederauer
Caxias do Sul, RS

R759	Romano, Tatiana. Panelaterapia: Receitas para fazer da cozinha o seu divã / Tatiana Romano. Caxias do Sul, RS: Belas-Letras, 2015. 144 p.; 20cm.
	ISBN 978-85-8174-200-7
	1. Culinária. 2. Gastronomia. I. Título.
15/01	CDU: 641.55

Catalogação elaborada por
Cássio Felipe Immig, CRB-10/1852

Grafia atualizada segundo o Acordo Ortográfico da Língua Portuguesa de 1990, que entrou em vigor no Brasil em 2009.

IMPRESSO NO BRASIL

[2015]
Todos os direitos desta edição reservados à
EDITORA BELAS-LETRAS LTDA.
Rua Coronel Camisão, 167
Cep: 95020-420 – Caxias do Sul – RS
Fone: (54) 3025.3888 – www.belasletras.com.br

Sumário

De Psicóloga a Cozinheira 9

🍲 Raiva 12

Risoto de Mignon e Shitake 14
Risoto de Açafrão-da-Terra (Cúrcuma) 16
Risoto de Macarrão de Letrinhas 18
Risoto de Tomate com Lascas de Bacalhau 20
Risoto da Roça 22
Risoto de Cenoura e Especiarias 24
Macarrão Oriental com Carne e Legumes 26
Ossobuco ao Vinho Tinto 28
Biscoitinho de Baunilha 30
Biscoitinho de Parmesão 32
Bolinho Assado de Batata com Linguiça 34
Polenta Cremosa com Molho de Frango 36
Pão de Calabresa 38
Pão Pizza 40

🍲 Tristeza 42

Mousse de Coco com Chocolate	44
Brigadeiro Gourmet	46
Bolo de Cenoura com Brigadeiro	48
Refrigerante Caseiro de Gengibre	50
Cookies de Banana e Aveia	52
Torta Rápida de Banana	54
Torta Bruschetta	56
Bolinho de Banana de Micro-Ondas	58
Suco de Uva, Pera e Água de Coco	60
Suco de Morango, Maçã e Água de Coco	62
Sanduíche Natural de Frango	64
Lasanha de Macarrão Instantâneo	66
Fudge de Creme de Avelã com Nozes	68
Muffins de Baunilha com Gotas de Chocolate	70
Dadinhos de Queijo Coalho com Geleia	72

🍲 Medo 74

Pudim de Milho Verde	76
Panqueca de Omelete	78
Maionese Caseira Temperada	80

Crepe Integral de Atum 82
Pudim Light de Laranja 84
Minestrone 86
Pão de Fibras 88
Ovo "Frito" sem Óleo 90
Pamonha de Forno 92
Maminha ao Molho de Cebola 94
Rocambole de Carne Recheado de Provolone 96
Pão de Leite Fofinho 98
Costelinhas de Porco com Laranja e Mel 100
Almôndegas Fritas Perfeitas 102

Alegria 104

Batatas Picantes 106
Fraldinha Assada na Mostarda 108
Massa com Pesto de Brócolis e Alho-Poró 110
Legumes na Manteiga 112
Farofa de Calabresa 114
Linguicinha Caramelizada na Sidra 116
Salada de Batatas 118
Torres de Berinjela 120
Abobrinha Recheada com Atum 122
Bolinho de Canela 124
Massa de Pizza Fácil 126
Cestinhas de Frango 128
Arroz com Lentilha e Linguiça 130
Pudim de Leite Condensado 132

De Psicóloga a Cozinheira

Há dez anos eu me casei e mudei de cidade. Mudanças nunca foram um problema para mim, gosto delas e tenho uma grande facilidade de adaptação.

No meu primeiro ano na nova cidade, eu, que sou formada em Psicologia e pós-graduada em Recursos Humanos, já trabalhava na área e com o passar do tempo fui incorporando novas atividades. Passei a ministrar palestras em universidades, ensinando os jovens sobre como fazer um currículo, como se comportar em uma entrevista, e daí surgiram convites para atuar como professora. Minha rotina então era trabalhar das 8h às 18h em uma consultoria, pegar uma hora de estrada para chegar até a faculdade que ficava em outra cidade (isso incluía jantar qualquer porcaria durante o trajeto), dar aula até as 22h45min, pegar mais uma hora de estrada e chegar em casa "morta" de cansaço! Como se não bastasse, uma das faculdades que eu lecionava passou a exigir uma segunda pós-graduação na área de docência e lá se foi meu sábado "pelo ralo".

Bem, eu ainda tinha o domingo livre! Ah, o tão esperado domingo! Meu dia oficial de relaxar! Engana-se quem me imaginou jogada no sofá de pijama e pantufas. No domingo eu queria era cozinhar!

Sempre gostei da arte culinária, minha família é repleta de bons cozinheiros e daquelas reuniões regadas a muita comida e bebida! O fato é que antes de casar eu não tinha tanta oportunidade de ir para a cozinha, já que minha mãe e a Luzia, nossa querida cozinheira há vinte anos, cumpriam essa tarefa maravilhosamente bem! Foi somente depois de casar que eu realmente percebi que levava jeito para a coisa. E todo domingo eu fazia as tarefas básicas de dona de casa pela manhã e passava o resto do dia cozinhando. Inventava, testava, errava, mas era sempre uma delícia!

O tempo foi passando e eu me habituei à minha rotina insana de ter apenas um dia de lazer, havia me acostumado a viver mal (lembra da minha facilidade de adaptação?). Fazia parte da minha vida não ter tempo, não ter disposição, estava simplesmente "vivendo no piloto automático". É bem verdade que eu tinha uma condição financeira confortável, principalmente porque não tinha (e não tenho) filhos, mas ter dinheiro e não ter tempo para usufruir, de que me adiantava?

No meio deste período, em 2009, eu resolvi criar um blog, cujo nome eu escolhi com muita facilidade, o "Panelaterapia". Criei este espaço virtual sem nenhuma pretensão, apenas para registrar minhas aventuras culinárias, meu momento de 'terapia' junto às panelas. Provavelmente também motivada pelo desejo inconsciente de prolongar meus tão festejados domingos na cozinha.

Em 2010, já com mais de um ano de existência, o blog começava a se concretizar nesse universo virtual como uma fonte de pesquisa confiável para quem buscava receitas fáceis, com ingredientes possíveis, mas com aquele toque especial que conferia uma aparência mais gourmet aos pratos. Nesse mesmo período eu me vi em meio a uma uma crise existencial, na qual passei a questionar se realmente eu queria envelhecer levando este estilo de vida corrido, sem tempo para nada. Foi então que eu decidi que queria ser feliz.

Confesso que não foi fácil admitir que a profissão que demandou tanto tempo de estudo, tantos anos de trabalho, já não me satisfazia mais. Eu não tinha desafios na carreira, não sentia mais aquele frio na barriga que acompanha as novidades, não tinha motivação alguma para continuar. Eu não queria mais passar a semana como a maioria das pessoas que eu via nas redes sociais comemorando a sexta-feira e chorando a segunda. E assim eu fiz um planejamento. Fui abandonando meus empregos aos poucos e me adaptando a viver com menos. Obviamente que esse ato de "chutar o balde" só foi possível graças ao apoio financeiro e emocional que tive do meu marido.

Em meados de 2010, já desempregada, eu não sabia que rumo minha vida profissional ia tomar, por hora eu só queria ser blogueira de gastronomia, queria continuar fazendo e postando minhas receitas. E assim eu o fiz.

O Panelaterapia seguiu seu rumo e ocupou um lugar cada vez maior no meu coração. Quando me dei conta, ele já era minha nova profissão! Simplesmente aconteceu!

Com o crescente sucesso do blog, tive de aprender fotografia, técnicas de SEO, programação em HTML, pesquisar sobre técnicas de cozinha, novas receitas, administrar redes sociais, enfim, como qualquer emprego, exige aprimoramento constante.

Nestes cinco anos de existência o blog estabeleceu parcerias importantes, atingiu números de audiência que eu jamais poderia imaginar, possibilitou-me conhecer pessoas e lugares incríveis, experimentar novos sabores, ou seja, não me faltam motivos para comemorar.

Todo esse processo de me assumir como cozinheira e blogueira fez com que eu refletisse muito sobre a relação das emoções com a comida e culminou com este livro, que é a consolidação do meu desejo de compartilhar receitas que são adequadas a cada uma das situações emocionais em que podemos nos encontrar. As receitas sugeridas são fruto muito mais da minha percepção e meu feeling de cozinheira do que de qualquer conhecimento técnico ou científico.

Espero que, de maneira leve e descontraída, ele cumpra o seu papel no sentido de despertar a percepção de que o ato de cozinhar, além de divertido, pode ser muito terapêutico.

Raiva é um sentimento que todo ser humano, em maior ou menor escala, experimenta. No entanto, ele é visto como algo negativo pela sociedade. Quem sente raiva é julgado como uma má pessoa e, justamente por isso, reprimimos esse sentimento, o que na maioria das vezes é prejudicial, pois em algum momento ele irá aflorar.

É comum "explodirmos" por razões desproporcionais porque, na verdade, havia uma raiva "reprimida" esperando o momento de vir à tona.

Geralmente ficamos raivosos quando algo frustra o nosso desejo de controlar as pessoas, as situações ou a nós mesmos.

"Eu estava de dieta, mas comi um chocolate e fiquei com muita raiva".

Neste exemplo, você frustrou o desejo de autocontrole, o que despertou a raiva.

"Meu marido não me dá ouvidos quando quero conversar, isso me irrita muito".

Nesta queixa, a frustração veio do desejo de controlar o outro.

"Uma passeata me fez perder um compromisso porque fiquei presa no trânsito, isso me deixou com uma raiva imensa!".

No último exemplo, a raiva foi despertada pela frustração de controlar o ambiente ou as situações.

Períodos de imersão solitária na cozinha são excelentes para refletir sobre esses momentos de explosão e descontrole. Umas boas horas de "panelaterapia" podem fazer mais pelo seu autoconhecimento do que você imagina.

Receitas que exijam movimentos repetitivos são ótimas para reflexões. Experimente fazer isso enquanto mexe um risoto, sova uma massa ou enquanto a batedeira faz o trabalho dela. Coloque uma música tranquila, escolha uma bebida que agrade seu paladar e uma receita bacana. Desligue-se do mundo e se conecte ao seu interior. Esse é seu momento. As receitas deste capítulo foram selecionadas para este exercício.

Risoto de Mignon e Shitake

RISOTO DE MIGNON E SHITAKE

Ingredientes para a preparação do cogumelo
- 1 dente de alho picado ou espremido
- 1 colher (sopa) de manteiga
- 100g de shitake
- 1 colher (sopa) de molho de soja (shoyu)
- Sal e pimenta do reino a gosto

Modo de preparo do cogumelo
Refogue o alho picado ou espremido na manteiga. Faça isso em fogo bem baixo para o alho não dourar.
Junte o shitake, o shoyu, sal e pimenta do reino de acordo com seu gosto.
Quando o cogumelo murchar, desligue o fogo e reserve.
Esse refogado só deve entrar no final da receita, porque se o cogumelo cozinhar demais, fica com textura de borracha.

Ingredientes do risoto
- 1,5 litro de caldo de legumes ou de carne, que pode ser caseiro ou industrializado
- 1 colher (sopa) de manteiga
- 1/2 cebola picada
- 120ml de vinho branco seco
- 150g de filé mignon em cubinhos temperado com sal e pimenta, com antecedência de pelo menos 1 hora
- 1 xícara de arroz próprio para risoto (arbóreo ou carnaroli)
- 2 colheres (sopa) de cheiro verde
- Sal e pimenta a gosto

Modo de preparo do risoto
Mantenha o caldo fervendo ao lado da panela em que irá fazer o risoto.
Refogue a cebola na manteiga sem deixar dourar, apenas para murchar, junte a carne e mexa até dourar. Some o arroz e agregue todos os ingredientes. Acrescente o vinho e misture até evaporar por completo.
Adicione uma concha do caldo e mexa (em fogo baixo) até quase secar, porém não faça movimentos bruscos para não quebrar os grãos, misture delicadamente. Repita essa operação, concha por concha, até o arroz ficar cozido. A quantidade de caldo pode variar dependendo da panela usada e do fogão. Em média, usa-se 1,2 litro.
Com o fogo desligado, misture o shitake ao risoto e adicione cheiro verde. Corrija o sal e polvilhe a pimenta do reino, de preferência moída na hora.

Opcional: parmesão ralado e folhinhas de tomilho.

Dica: Vegetarianos podem executar a receita da mesma forma, excluindo apenas a carne.

Rendimento: 2 a 3 porções bem servidas

Risoto de Açafrão-da-Terra (Cúrcuma)

RISOTO DE AÇAFRÃO-DA-TERRA (CÚRCUMA)

Ingredientes
- 1,5 litro de caldo de legumes, que pode ser caseiro ou industrializado
- 2 colheres (sopa) bem cheias de manteiga
- 1/2 cebola picada
- 1 xícara de arroz próprio para risoto (arbóreo ou carnaroli)
- 1 colher (sopa) de cúrcuma
- Sal e pimenta a gosto
- 1 xícara de queijo parmesão ralado

Modo de preparo
Mantenha em fogo baixo o caldo de legumes, que pode ser caseiro, ou 1 tablete e meio dissolvido na quantidade indicada de água.
Refogue a cebola em 1 colher (sopa) de manteiga. Acrescente o arroz e a cúrcuma e misture bem.
Some 1 concha do caldo de legumes e mexa sem parar, porém, com delicadeza, até o caldo quase secar, sempre em fogo baixo. Repita esta operação, de concha em concha, até o arroz estar cozido.
Ao final, junte 1 colher cheia (sopa) de manteiga e o parmesão ralado. Acerte o sal e polvilhe pimenta se achar necessário.

Dica: Esta receita acompanha muito bem todo tipo de grelhados.

Rendimento: 2 a 3 porções bem servidas

Risoto de Macarrão de Letrinhas

RISOTO DE MACARRÃO DE LETRINHAS

Ingredientes
- 1 litro de caldo de legumes, que pode ser caseiro ou industrializado
- 1 colher (sopa) de manteiga
- 1 xícara de macarrão de letrinhas
- Sal e pimenta a gosto
- 1/2 xícara de queijo parmesão ralado

Modo de preparo
Ferva o caldo de legumes e reserve.
Aqueça a manteiga e junte o macarrão de letrinhas, misturando bem. Em seguida junte um concha do caldo de legumes e mexa sem parar até quase secar. Repita esse processo quantas vezes forem necessárias até o macarrão estar cozido. É provável que você não utilize todo o caldo (em média usa-se cerca de 800ml).
Ao final, desligue o fogo e junte o parmesão ralado.

Dica: Experimente servir acompanhado de uma carne de panela bem macia com um pouco de molho.

Rendimento: 2 a 3 porções bem servidas

Risoto de Tomate com Lascas de Bacalhau

RISOTO DE TOMATE COM LASCAS DE BACALHAU

Ingredientes para o bacalhau
- 1/2 kg de lombo de bacalhau dessalgado
- 1/2 xícara de azeite

Modo de preparo do bacalhau
Coloque o lombo em um refratário e regue com o azeite. Leve ao forno médio por 30 minutos. Depois disso, com a ajuda de um garfo, separe o bacalhau em lascas grandes. Reserve.

Ingredientes para o risoto
- 1/2 cebola picada
- 1 colher (sopa) de alho triturado
- 3 colheres (sopa) de azeite
- 1 xícara de arroz próprio para risoto
- 1 lata de tomates pelados picados
- 1,5 litro de caldo de legumes (caseiro ou industrializado)

Modo de preparo do risoto
Refogue a cebola no azeite. Acrescente o alho e, antes que fique dourado, junte o tomate (use também o líquido). Refogue e quando começar a ferver adicione o arroz, misturando tudo. Junte 1 concha do caldo de legumes, que deve estar aquecido.
Mantenha a mistura em fogo baixo, mexendo sempre delicadamente até que o líquido quase seque. Repita a operação até que o arroz e o tomate estejam cozidos. Acerte o sal se achar necessário.

Na hora de servir, espalhe as lascas de bacalhau, folhas de manjericão e regue com azeite.

Dica: Você pode utilizar lascas de frango ou salmão assado no lugar do bacalhau.

Rendimento: 4 porções

Risoto da Roça

RISOTO DA ROÇA

Ingredientes
- 400g de filé mignon suíno (ou frango) temperado em cubos
- 1/2 cebola picada
- 1 colher (sopa) de manteiga
- 1 cenoura picada em cubos
- 1/2 xícara de ervilhas frescas
- 1 colher (sopa) de colorau (colorífico)
- 1,5 litro de caldo de legumes (industrializado ou caseiro)
- 1 xícara de arroz para risoto
- Sal e pimenta do reino a gosto
- 1/2 xícara (chá) de cheiro verde picado

Modo de preparo
Mantenha o caldo fervendo ao lado da panela em que irá fazer o risoto.
Refogue a cebola na manteiga e em seguida acrescente a carne. Mexa até dourar. Junte a cenoura, a ervilha e o colorau. Some o arroz e incorpore todos os ingredientes.
Junte 1 concha do caldo, e em fogo baixo, vá mexendo delicadamente até os líquidos quase secarem. Repita esta operação até o arroz ficar cozido. Acerte o sal se necessário e polvilhe pimenta do reino. Na hora de servir acrescente o cheiro verde picado.

Dica: Em vez de cheiro verde, ao final, acrescente queijo parmesão ralado.

Rendimento: 3 a 4 porções

Risoto de Cenoura e Especiarias

RISOTO DE CENOURA E ESPECIARIAS

Ingredientes
– 1,5 litro de caldo de legumes, que pode ser caseiro ou industrializado
– 2 colheres (sopa) bem cheias de manteiga
– 1/2 cebola picada
– 1 cenoura sem casca ralada
– 1 xícara de arroz próprio para risoto (arbóreo ou carnaroli)
– 1 colher (sopa) de páprica doce
– 1 colher (sopa) de curry
– 1 colher (sopa) de colorífico (colorau)
– Sal e pimenta a gosto
– Opcional: queijo parmesão ralado

Modo de preparo
Mantenha o caldo de legumes ao lado da panela em que irá fazer o risoto.
Refogue a cebola em uma colher (sopa) de manteiga e em seguida acrescente o arroz e a cenoura. Mexa bem.
Adicione a páprica, o curry e o colorífico. Junte 1 concha do caldo, e em fogo baixo, vá mexendo delicadamente até os líquidos quase secarem. Repita esta operação até o arroz ficar cozido. Acerte o sal se necessário e polvilhe pimenta do reino.
Junte a manteiga que sobrou e misture delicadamente. Se quiser, acrescente parmesão ralado.

Dica: Você pode acrescentar gengibre ralado ou em pó. Este risoto acompanha com perfeição todos os grelhados.

Rendimento: 2 a 3 porções

Macarrão Oriental com Carne e Legumes

MACARRÃO ORIENTAL COM CARNE E LEGUMES

Ingredientes
- 3 colheres (sopa) de óleo de gergelim
- 250g de carne bovina picada
- 1 colher (sopa) de gengibre picado
- 1 cebola pequena picada em pedaços médios
- 1 cenoura picada (em rodelas ou palitos)
- 5 vagens picadas em pedaços médios
- 4 buquês de brócolis
- 4 buquês de couve-flor
- 1/3 de xícara de pimentão amarelo picado em pedaços médios
- 1/3 de xícara de pimentão vermelho picado em pedaços médios
- 1 envelope de caldo de legumes em pó
- 250ml de água
- 1 colher (sopa) de amido de milho
- 50ml de molho de soja (shoyu)
- 200g de macarrão tipo Lamen
- 1/2 xícara de cebolinha verde picada

Modo de preparo
Cozinhe macarrão tipo Lamen ou outro de sua preferência em água fervente.

Refogue a carne no óleo de gergelim. O ideal é usar uma panela tipo Wok ou frigideira grande e funda. Tempere a carne com sal e pimenta do reino.

Junte a cebola e o gengibre e assim que dourar adicione todos os outros vegetais. Refogue bem e tampe por alguns minutos para abafar. O ideal é que os vegetais permaneçam crocantes.

Misture os 250ml de água com o caldo de legumes, o amido e o molho de soja. Despeje a mistura sobre a carne e os vegetais. Deixe ferver e engrossar. Prove e acerte o sal se necessário. Junte o macarrão cozido e misture. Polvilhe a cebolinha picada.

Dica: Você pode acrescentar gergelim branco e preto por cima.

Rendimento: 4 porções

Ossobuco ao Vinho Tinto

OSSOBUCO AO VINHO TINTO

Ingredientes
- 4 pedaços de ossobuco
- Sal e pimenta a gosto
- 1 cebola picada
- 2 dentes de alho picados
- 1 folha de louro
- 1 cenoura picada em cubinhos
- 1 lata de tomates pelados
- 1 envelope de caldo de carne em pó
- 1 talo de salsão picado
- 150ml de vinho tinto seco de boa qualidade
- Azeite

Modo de preparo
Tempere a carne com sal e pimenta e frite em um fio de azeite dos dois lados, apenas para dourar. Retire a carne e na mesma panela acrescente um pouco mais de azeite e refogue a cebola e o alho. Junte a cenoura, o salsão, o louro, o tomate, o caldo de carne e o vinho.
Volte a carne para o molho, tampe e deixe cozinhar em fogo lento por cerca de 2 horas, ou até a carne ficar macia.
À medida que o molho for secando, deve-se acrescentar água fervendo aos poucos. O ideal é usar uma panela de fundo grosso para esta preparação.
Sirva com arroz ou cuscuz.

Dica: Quanto mais tempo a carne cozinhar em fogo baixo, mais saboroso e encorpado se tornará o molho.

Rendimento: 4 porções

Biscoitinho de Baunilha

BISCOITINHO DE BAUNILHA

Ingredientes
- 100g de manteiga sem sal
- 50ml de água
- 280g de farinha de trigo
- 1/2 xícara (chá) de açúcar
- 1 pitada de sal
- 1 colher (sobremesa) de essência de baunilha

Modo de preparo
Misture todos os ingredientes, até resultar em uma massa bem lisa, que não grude nas mãos. Pode ser que você precise de um pouco mais de farinha ou de água até conseguir a consistência ideal.
Leve à geladeira por 10 minutos.
Modele os biscoitinhos no formato desejado e leve ao forno preaquecido em 200°C até dourar levemente as bordas (cerca de 10 minutos). Após retirá-los do forno, aguarde 5 minutos e passe os biscoitinhos em açúcar refinado ou açúcar de confeiteiro.

Dica: Adicione 1 colher (sopa) de canela à massa para saborizar os biscoitos.

Rendimento: 6 porções

Biscoitinho de Parmesão

BISCOITINHO DE PARMESÃO

Ingredientes
- 1 xícara (chá) de polvilho doce
- 5 colheres (sopa) de queijo parmesão ralado
- 1 colher (sopa) bem cheia de manteiga ou margarina em temperatura ambiente
- 2 colheres (sopa) de leite em temperatura ambiente
- 1 ovo
- 1 pitada de sal

Modo de preparo
Misture todos os ingredientes, até resultar em uma massa bem lisa, que não grude nas mãos. Pode ser que você precise de um pouco mais de polvilho ou de leite até conseguir a consistência ideal.
Preaqueça o forno em 180°C.
Modele os biscoitos no formato que desejar. Quanto mais fininhos, mais crocantes. A sugestão é que você faça uma bolinha, depois achate e pressione com o garfo para fazer os risquinhos.
Coloque em uma assadeira untada com manteiga e leve para assar até ficarem levemente dourados (cerca de 10 a 15 minutos).

Dica: Adicione 1 colher (sopa) de orégano ou alecrim à massa para aromatizar os biscoitos.

Rendimento: 6 porções

Bolinho Assado de Batata com Linguiça

BOLINHO ASSADO DE BATATA COM LINGUIÇA

Ingredientes
- 2 batatas grandes
- 2 linguiças fininhas defumadas

- 1/2 xícara (chá) de salsinha picada
- 1/2 colher (sopa) de azeite
- 1/2 colher (café) de orégano

- 1/2 dente de alho
- Sal o quanto baste

Modo de preparo
Cozinhe as batatas em água fervente até ficarem bem macias. O ideal é usar a batata de casca rosa, que tem menos água em sua composição.
Coloque no processador a batata ainda quente e todos os demais ingredientes. Triture até virar uma massa pegajosa.
Transfira para um recipiente e deixe esfriar. Quando estiver completamente fria, passe um pouco de azeite nas mãos e faça bolinhas. Achate-as para que assem bem no interior.
Coloque em uma assadeira (preferencialmente com camada antiaderente) untada com óleo ou azeite.
Leve ao forno por cerca de 25 minutos em 200°C ou até estarem bem dourados.

Dica: Sirva os bolinhos acompanhados de molho de mostarda e mel. Misture 2 colheres (sopa) de creme de leite, 1 colher (sopa) de mostarda amarela, 1 colher (sopa) de mel e sal de acordo com seu paladar.

Rendimento: 2 porções

Polenta Cremosa com Molho de Frango

POLENTA CREMOSA COM MOLHO DE FRANGO

Ingredientes para o molho
- 2 colheres (sopa) de azeite
- 1/2 cebola picada
- 2 dentes de alho picados
- 400g de peito de frango picado em cubos pequenos
- 1 envelope de caldo de galinha em pó (ou 1 tablete)
- 1 colher (sopa) de molho de soja (shoyu)
- 1 lata de tomate pelado (ou 1 e 1/2 xícara de molho de tomate pronto)
- 1/2 xícara de água
- Sal, pimenta, cheiro verde a gosto

Modo de preparo do molho
Refogue no azeite o frango, a cebola e o alho. Junte o caldo de galinha, o shoyu, o molho de tomate e a água.
Deixe a mistura ferver e mantenha a panela tampada em fogo baixo, mexendo de vez em quando por cerca de 40 minutos, ou até o frango ficar bem macio. Se o molho começar a ficar muito grosso, vá adicionando água fervente aos pouquinhos (mantenha uma caneca com água fervente ao lado para essa tarefa).
Ao final, acerte o sal, polvilhe pimenta do reino e adicione o cheiro verde. Reserve.

Ingredientes para a polenta
- 1 xícara (chá) de fubá dissolvido em 2/3 de xícara (chá) de água
- 1 litro de caldo de galinha caseiro ou 1 tablete de caldo de galinha dissolvido em 1 litro de água fervente
- 3 colheres (sopa) de queijo parmesão ralado

Modo de preparo da polenta
Ao caldo de galinha fervendo, adicione aos poucos a mistura de fubá dissolvido com água e mexa com constância.
Depois que engrossar continue mexendo por 10 minutos para tirar o aroma forte do fubá. Se achar que a polenta está muito espessa, acrescente um pouco mais de água quente e misture. Desligue o fogo e adicione o parmesão ralado. Acerte o sal se achar necessário.
Sirva acompanhada do molho de frango.

Dica: Você pode servir em um refratário único ou em porções individuais.

Rendimento: 4 porções.

Pão de Calabresa

PÃO DE CALABRESA

Ingredientes da massa
- 150ml de água morna
- 1 ovo
- 100ml de óleo
- 1/2 colher (sopa) de sal
- 1 colher (sopa) de açúcar
- 1/2 sachê de fermento biológico seco
- 1/2 kg de farinha de trigo (aproximadamente)

Modo de preparo da massa
Misture todos os ingredientes, exceto a farinha de trigo, que deve ser adicionada aos poucos. Pode ser que você use um pouco mais ou menos da quantidade indicada de farinha. Quando desgrudar das mãos é que está no ponto. Sove a massa por cerca de 5 minutos. Deixe-a crescer coberta com um pano limpo em local abafado por 40 minutos.

Ingredientes do recheio
- 1 gomo de linguiça calabresa picado
- 1 xícara (chá) de queijo mozzarella ralado
- ½ cebola picada
- 1 tomate sem pele e sem semente picado
- 1 colher (café) de orégano
- 2 colheres (sopa) de azeite de oliva
- Sal e pimenta do reino a gosto

Modo de preparo do recheio
Misture todos os ingredientes, exceto o queijo ralado, que deve ser reservado para a montagem.

Montagem dos pães
Divida a massa em duas partes iguais e abra-as com o rolo em superfície lisa polvilhada com farinha. Coloque o recheio em ambas e por cima dele o queijo ralado.
Enrole-as como um rocambole. Se preferir, coloque o recheio de um lado só e feche dando apenas 1 volta, sem sobrepor a massa. Pincele ovo batido, coloque-as em assadeira untada com óleo e leve para assar em forno preaquecido em 200°C até dourar na superfície.

Dica: Polvilhe gergelim sobre o ovo batido antes de colocar os pães no forno.

Rendimento: 2 pães médios

Pão Pizza

PÃO PIZZA

Ingredientes da massa
- 150ml de água morna
- 1 ovo
- 100ml de óleo
- 1/2 colher (sopa) de sal
- 1 colher (sopa) de açúcar
- 1/2 sachê de fermento biológico seco
- 1/2kg de farinha de trigo (aproximadamente)

Modo de preparo da massa
Misture todos os ingredientes, exceto a farinha de trigo, que deve ser adicionada aos poucos. Pode ser que você use um pouco mais ou menos da quantidade indicada de farinha. Quando desgrudar das mãos, está no ponto. Sove a massa por cerca de 5 minutos. Deixe-a crescer coberta com um pano limpo em local abafado por 40 minutos.

Ingredientes do recheio
- 1 xícara (chá) de presunto picado
- 1 xícara (chá) de queijo mozzarella picado em cubos
- 1 tomate sem pele e sem semente picado
- 1 colher (café) de orégano
- Sal e pimenta do reino a gosto

Modo de preparo do recheio
Misture todos os ingredientes.

Montagem dos pães
Divida a massa em duas partes iguais e abra-as com o rolo em superfície lisa polvilhada com farinha.
Coloque o recheio em ambas e enrole-as como um rocambole. Se preferir, coloque o recheio de um lado só e feche dando apenas 1 volta, sem sobrepor a massa.
Pincele ovo batido, coloque-as em assadeira untada com óleo e leve para assar em forno preaquecido em 200°C até dourar na superfície.

Dica: Polvilhe orégano sobre o ovo batido antes de colocar os pães no forno.

Rendimento: 2 pães médios.

Tristeza

A tristeza faz parte das emoções básicas que inevitavelmente vivenciaremos nessa nossa caminhada. Não há ninguém neste mundo que tenha construído uma vida inteira de dias felizes, embora desde crianças sejamos orientados a buscar constantemente a felicidade.

Não parece injusto que tenhamos de lutar pelos momentos felizes, e muitas vezes não é fácil encontrá-los quando a tristeza chega sem avisar, sem pedir a nossa permissão? A falta de aceitação dessa emoção como algo inerente à vida faz com que a frustração diante dela seja ainda maior.

Quando nos sentimos tristes, melancólicos, despertamos a tendência de reviver sentimentos e situações anteriores de fracassos e perdas. É como se a tristeza trouxesse consigo a chave de um quartinho escuro onde deixamos tudo aquilo que não queremos ter contato. Como se não bastasse, nesses períodos melancólicos nosso corpo se sente privado de energia, temos vontade de ficar quietos em nosso canto, mas quanto mais mergulhamos nesse estado de letargia, mais nossa atenção é direcionada para a tristeza, dando força a ela em vez de combatê-la. O grande desafio é sair desse ciclo ou tomar consciência do problema antes que ele se instale.

É comum que durante períodos depressivos não tenhamos vontade alguma de nos alimentar, muito menos de preparar algo, mas eu sugiro que você reúna aquele restinho de energia, escolha uma receita e rume para a cozinha, porque uma boa refeição funciona como um antídoto para a melancolia.

Para este capítulo, selecionei algumas receitas que servem para levantar o astral, para reanimar, seja porque sua preparação é divertida ou porque contêm ingredientes que melhoram a instabilidade emocional.

Mousse de Coco com Chocolate

MOUSSE DE COCO COM CHOCOLATE

Ingredientes para a mousse de coco
- 270g de leite condensado
- 200g de creme de leite
- 150g de iogurte natural
- 200ml de leite de coco
- 50g de coco ralado (sem açúcar)
- 1 envelope (12g) de gelatina incolor preparada conforme instruções da embalagem

Modo de preparo da mousse de coco
Misture todos os ingredientes, coloque em recipientes individuais ou em recipiente único e leve para gelar por 2 horas.

Ingredientes para a cobertura de chocolate
- 130g de chocolate meio amargo picado
- 200g de creme de leite

Modo de preparo da cobertura
Leve os ingredientes ao micro-ondas por 30 segundos em potência máxima. Retire e misture.
Repita a operação, de 30 em 30 segundos, até o chocolate se incorporar ao creme de leite de forma homogênea.
Deixe esfriar em temperatura ambiente e em seguida espalhe sobre a mousse de coco. Mantenha a sobremesa na geladeira até a hora de servir.

Dica: Polvilhe coco ralado ou raspas de chocolate para decorar.

Rendimento: 6 porções

Brigadeiro Gourmet

BRIGADEIRO GOURMET

Ingredientes
- 1 colher (sopa) rasa de farinha de trigo
- 3 colheres (sopa) de creme de leite sem soro
- 1 lata de leite condensado
- 1 colher (sopa) cheia de cacau em pó
- 3 colheres (sopa) de gotas (ou pastilhas) de chocolate ao leite

Modo de preparo
Misture na própria panela e fora do fogo a farinha e o creme de leite. É importante que a farinha dissolva por completo.
Junte os demais ingredientes e leve ao fogo baixo mexendo sem parar, de preferência com uma espátula de silicone.
Quando ferver, mantenha no fogo, mexendo sempre por mais 5 minutos, ou até que desgrude do fundo. Coloque em recipiente untado com manteiga e leve à geladeira.
O ideal é enrolar no dia seguinte, quando a massa estará bem firme. Você pode fazer bolinhas e passar em diversas coberturas como coco queimado, paçoca esfarelada, raspas de chocolate, enfim, use sua criatividade. Esta é a receita usada por várias brigaderias famosas.

Dica: Para fazer um beijinho gourmet, troque o cacau em pó por ½ xícara de coco ralado e use chocolate branco em vez de chocolate ao leite.

Rendimento: 40 a 50 unidades pequenas

Bolo de Cenoura com Brigadeiro

BOLO DE CENOURA COM BRIGADEIRO

Ingredientes da massa
- 1 cenoura grande sem casca picada
- 4 ovos
- 150ml de óleo
- 2 xícaras de farinha de trigo
- 2 xícaras de açúcar
- 1 colher (sopa) de fermento em pó

Modo de preparo da massa
Bata os três primeiros ingredientes da lista acima no liquidificador. Despeje a mistura em um recipiente grande e junte os demais ingredientes, misturando bem. Coloque em forma untada com óleo ou manteiga e polvilhada com farinha de trigo.
Leve a massa para assar em forno preaquecido em 200°C por cerca de 35 minutos (esse tempo pode variar dependendo da marca do forno).

Ingredientes da cobertura
- 1 lata de leite condensado
- 1 colher (sopa) de manteiga sem sal
- 2 colheres (sopa) de chocolate em pó

Modo de preparo da cobertura
Leve todos os ingredientes ao fogo médio, mexendo constantemente. Assim que ferver, abaixe o fogo para mínimo e mexa por mais 1 minuto. Despeje ainda quente sobre o bolo assado.

Dica: Enfeite com chocolate granulado ou raspas de chocolate.

Rendimento: 12 pedaços.

Refrigerante Caseiro de Gengibre

REFRIGERANTE CASEIRO DE GENGIBRE

Ingredientes
– 1 xícara de gengibre descascado e picado
– 1 xícara de açúcar
– 3 xícaras de água
– Casca e suco de 1 limão

Modo de preparo
Ferva essa mistura em fogo baixo até reduzir em 2/3 da quantidade inicial. Quanto mais ferver, mais concentrado ficará. Se formar uma espuma na superfície, retire e descarte-a. Desligue o fogo e deixe descansar até esfriar totalmente. Coe a mistura e guarde na geladeira. Este é o xarope concentrado que será usado no refrigerante.
Para fazer o refrigerante caseiro, coloque um pouco mais da metade de um copo de água com gás gelada, acescente 4 colheres do xarope de gengibre, adoce se achar necessário, junte gelo e rodelas de limão.

Dica: Misture ainda 4 colheres (sopa) do xarope com 1 xícara de guaraná para obter uma calda deliciosa para molhar bolos.

Rendimento: 1 xícara do xarope de gengibre.

Cookies de Banana e Aveia

COOKIES DE BANANA E AVEIA

Ingredientes
- 1 banana nanica (ou d'água) média
- 2 tâmaras secas (ou ameixas secas)
- 5 colheres (sopa) de aveia em flocos
- 1 colher (café) rasa de óleo de soja, canola, ou o de sua preferência
- 5 gotas de essência de baunilha
- 1 colher (café) de mel

Modo de preparo
Preaqueça o forno em 200°C.
Amasse bem a banana e as tâmaras (ou ameixas) com a ajuda de um garfo. Caso elas estejam muito secas, deixe-as de molho em água quente por 15 minutos.
Com o purê de frutas pronto, adicione a aveia, o óleo, o mel e a essência de baunilha.
Com a ajuda de duas colheres pequenas, faça bolinhas e coloque em uma assadeira untada com manteiga.
Leve ao forno por 15 a 20 minutos. Como os fornos são muito diferentes dependendo da marca, sugiro que após 15 minutos você veja se os cookies já estão dourados por baixo, se estiverem, pode retirá-los do forno.

Dica: Acrescente nozes trituradas.

Rendimento: 10 cookies pequenos.

Torta Rápida de Banana

TORTA RÁPIDA DE BANANA

Ingredientes
- 3 pães franceses com casca picados grosseiramente
- 1 colher (sopa) de manteiga sem sal
- 1/2 xícara (chá) de açúcar
- 1 colher (sopa) de canela em pó
- 2 ovos
- 1 colher (sobremesa) de essência de baunilha
- 400ml de leite
- 200g de leite condensado
- 1 colher (sopa) cheia de amido de milho
- 2 bananas em rodelas
- 2 colheres (sopa) de uvas passas

Modo de preparo
Preaqueça o forno em 200°C.
Unte um refratário ou forma de alumínio com a manteiga e polvilhe com o açúcar e a canela, que devem ser misturados antes desta tarefa. Reserve a sobra para polvilhar por cima, ao final da preparação.
Acomode os pedaços de pão no refratário, por cima espalhe as bananas e uvas passas.
Bata no liquidificador os ovos, a baunilha, o leite, o leite condensado e o amido de milho. Despeje essa mistura sobre os pães e polvilhe o restante do açúcar com canela.
Leve ao forno por aproximadamente 35 minutos ou até dourar na superfície.

Dica: Acrescente nozes picadas antes de ir ao forno.

Rendimento: 8 porções.

Torta Bruschetta

TORTA BRUSCHETTA

Ingredientes
- 2 pães salgados (francês ou pão de sal) cortados em fatias não muito finas
- 1 gomo de calabresa defumada picado em cubinhos
- 1/2 cebola pequena picada em cubos
- 1/2 lata de tomate pelado picado (ou 1 xícara de molho de tomate acrescido de 1 tomate picado em cubos)
- 1 colher (café) de orégano
- 100g de queijo mozzarella em fatias ou ralado
- 1 ovo
- 4 colheres (sopa) de leite
- Sal, pimenta do reino e azeite a gosto

Modo de preparo
Preaqueça o forno em 200°C.
Misture a calabresa (crua) com a cebola. Tempere com um fio de azeite, sal, pimenta e orégano. Reserve.
Unte um refratário com azeite e forre com as fatias de pão. Espalhe por cima o tomate pelado picado (ou o molho), em seguida junte a mistura de calabresa e cebola que estava reservada.
Bata o ovo como se fosse fazer uma omelete. Junte o leite, uma pitada de sal e misture bem. Espalhe essa mistura por cima de tudo. Ela vai descer e penetrar no pão.
Cubra com o queijo, salpique orégano por cima e leve ao forno por aproximadamente 15 a 20 minutos ou até dourar.

Dica: Troque a calabresa por presunto ou peito de peru picado.

Rendimento: 8 porções.

Bolinho de Banana de Micro-Ondas

BOLINHO DE BANANA DE MICRO-ONDAS

Ingredientes
- 1 banana madura amassada
- 1 ovo
- 2 colheres (sopa) de óleo
- 2 colheres (sopa) de água
- 2 colheres (sopa) de farinha de trigo
- 1 colher (sopa) bem cheia de açúcar
- 1 colher rasa (café) de fermento em pó
- 1 colher rasa (café) canela
- 4 gotas de essência de baunilha

Modo de preparo
Junte todos os ingredientes, deixando para o fim o fermento.
Misture bem com um batedor de arame ou garfo.
Divida em potinhos que possam ir ao micro-ondas, enchendo até a metade. Esta receita pode ser feita na caneca também.
Leve ao micro-ondas em potência máxima por 2,5 minutos, mas atenção: este tempo pode variar conforme a marca do seu micro-ondas. Sugiro parar o funcionamento a cada 30 segundos e verificar a consistência, quando estiver firme ao toque está pronto. Vire o bolinho em um prato. Minha sugestão é espalhar por cima um fio de mel e castanhas (de sua preferência) raladas.

Dica: Acrescente 1 colher (sopa) de nozes picadas antes de ir ao micro-ondas.

Rendimento: 2 a 4 bolinhos dependendo do tamanho do recipiente usado.

Suco de Uva, Pera e Água de Coco

SUCO DE UVA, PERA E ÁGUA DE COCO

Ingredientes
- 400ml de água de coco
- 12 grãos de uva itália ou rubi sem semente
- 1/2 pera sem casca
- Açúcar ou adoçante a gosto

Modo de preparo
Bata todos os ingredientes no liquidificador, coe e acrescente gelo.

Dica: Acrescente água com gás no lugar da água de coco.

Rendimento: 2 copos.

Suco de Morango, Maçã e Água de Coco

SUCO DE MORANGO, MAÇÃ E ÁGUA DE COCO

Ingredientes
– 400ml de água de coco
– 100g de morangos lavados
– 1/2 maçã sem casca
– Açúcar ou adoçante a gosto

Modo de preparo
Bata todos os ingredientes no liquidificador,
coe e acrescente gelo.

Dica: Para transformar este suco em um drink refrescante, acrescente vinho rosé frisante no lugar da água de coco.

Rendimento: 2 copos.

Sanduíche Natural de Frango

SANDUÍCHE NATURAL DE FRANGO

Ingredientes
- 1 xícara de peito de frango cozido e desfiado
- 1 cenoura pequena ralada
- 2 colheres (sopa) de salsinha picada
- 1 colher (sopa) de mostarda
- 1 dente de alho triturado
- 3 colheres (sopa) cheias de maionese
- Sal e pimenta do reino a gosto
- Folhas de rúcula ou alface
- Pão de forma (comum, integral, light, o que você preferir)

Modo de preparo
Misture o frango, a cenoura e a salsinha. Junte a mostarda, o alho e a maionese. Tempere com sal e pimenta do reino.
Para a montagem, espalhe uma quantidade da mistura sobre uma fatia de pão, acrescente folhas de rúcula ou alface e cubra com outra fatia de pão.

Dica: troque o frango por atum ou ricota amassada para fazer outras versões.

Rendimento: 4 a 6 sanduíches.

Lasanha de Macarrão Instantâneo

LASANHA DE MACARRÃO INSTANTÂNEO

Ingredientes
- 200ml de água
- 1 embalagem de 340ml de molho pronto de tomate
- 2 pacotes de macarrão instantâneo de 80g cada
- 120g de presunto cozido picado
- 120g de queijo mozzarela ralado
- 200ml de leite integral
- 1 colher (sopa) bem generosa de requeijão cremoso
- 1 colher rasa (café) de sal
- 25g de queijo parmesão ralado

Modo de preparo
Ligue o forno em 200°C para ir aquecendo.

Misture a água com o molho pronto. Leve ao fogo ou micro-ondas para aquecer. Não é necessário ferver. A intenção é obter um molho bem ralo para que o macarrão cozinhe nele.

Despeje metade desse molho em um refratário. Separe as placas dos pacotinhos de macarrão instantâneo (cada pacote possui 2 placas) e acomode-as ainda cruas no refratário sem sobrepô-las, apenas colocando-as lado a lado.

Despeje o restante do molho sobre o macarrão. Cubra com presunto picado, em seguida com o queijo ralado.

Aqueça o leite e misture com o requeijão e o sal. Despeje por cima de tudo de maneira uniforme. Polvilhe parmesão ralado, cubra com papel alumínio e leve ao forno por 25 minutos.

Retire o papel alumínio e volte para o forno por alguns minutos apenas para gratinar o queijo. Nesse momento, ative a função grill, caso seu forno a possua.

Dica: Se o seu refratário for fundo, você pode sobrepor as camadas, para isso dobre a quantidade de todos os ingredientes.

Rendimento: 3 a 4 porções.

Fudge de Creme de Avelã com Nozes

FUDGE DE CREME DE AVELÃ COM NOZES

Ingredientes
- 180g de chocolate meio amargo
- 1 colher (sopa) bem cheia de creme de leite em temperatura ambiente
- 1 colher (sopa) bem cheia de creme de avelã
- 10 nozes picadas em pedaços pequenos

Modo de preparo
Pique o chocolate em pequenos pedaços e leve ao micro-ondas, mexendo a cada 15 segundos, até derreter por completo.

Junte o creme de leite e o creme de avelã. É comum que o resultado seja uma massa um tanto quanto gordurosa.

Forre um recipiente pequeno, preferencialmente quadrado, com papel alumínio e unte com algumas gotinhas de óleo. Coloque a massa do fudge sobre ele e espalhe de maneira uniforme. Coloque as nozes sobre a massa e pressione levemente para que elas fiquem presas à superfície.

Leve à geladeira por 45 minutos ou até que esteja firme o suficiente para você desenformar e cortar em quadradinhos.

Dica: Adicione damascos picados à massa.

Rendimento: 6 porções.

Muffins de Baunilha com Gotas de Chocolate

MUFFINS DE BAUNILHA COM GOTAS DE CHOCOLATE

Ingredientes
– 3 ovos
– 1/2 xícara (chá) de leite morno
– 1/2 xícara (chá) de óleo
– 1 colher (sobremesa) de essência de baunilha
– 1 e 1/2 xícara de açúcar
– 2 xícaras (chá) de farinha de trigo
– 1 colher (sopa) de fermento em pó
– 2/3 de xícara (chá) de gotas de chocolate ou chocolate picado

Modo de preparo
Bata todos os ingredientes no liquidificador, exceto as gotas de chocolate e o fermento em pó. Este deve ser adicionado ao final e apenas misturado rapidamente. As gotas de chocolate devem ser adicionadas somente antes de assar. Preaqueça o forno em 180°C.
Preencha com a massa 2/3 das forminhas próprias para muffins, adicione as gotas de chocolate na superfície e leve para assar por aproximadamente 15 minutos.

Dica: Adicione 2 colheres (sopa) de chocolate em pó à massa.

Rendimento: 12 unidades.

Dadinhos de Queijo Coalho com Geleia

DADINHOS DE QUEIJO COALHO COM GELEIA

Ingredientes
- 1 embalagem de queijo coalho em palitos
- 5 colheres (sopa) de geleia da sua preferência (sugestão: manga ou laranja)

Modo de preparo
Retire os palitos do queijo coalho e corte-os em 5 pedaços cada.
Grelhe todos os lados do queijo em uma frigideira antiaderente ou utilize um maçarico culinário para tostar todos os lados.
Disponha os cubos já grelhados no recipiente em que irá servir.
Coloque uma pequena porção de geleia sobre cada um deles.

Dica: Compre um queijo com baixa porcentagem de gordura para que ele mantenha o formato ao ser grelhado.

Rendimento: 25 unidades.

Medo

O medo nem sempre é negativo, ele serve para nos proteger, garantir nossa integridade física e psicológica. Por exemplo, se não tivéssemos medo de sofrer um assalto, ou algum tipo de violência, sairíamos a qualquer hora da madrugada caminhando pelos locais mais perigosos.

O medo se torna prejudicial quando irracional, quando nos paralisa ou nos impede de realizar algo que para a maioria das pessoas seria habitual.

É comum aceitarmos nossos medos de maneira passiva, como se não pudéssemos fazer nada a respeito. A negação desse sentimento apenas perpetua a nossa incapacidade frente a ele. É preciso refletir, tentar compreender qual o agente causador do medo, se ele é real, concreto ou algo totalmente abstrato. É importante perceber se nossa reação é proporcional ao estímulo ou agente causador.

Não há outra maneira de vencer um medo a não ser, em um primeiro momento, tomar consciência dele e posteriormente enfrentá-lo. Muitas vezes percebemos que ele era muito maior dentro de nós do que na sua real dimensão.

Na minha trajetória de cozinheira eu ouvi (e ouço) muitas queixas do tipo *"nunca fiz esta receita porque tenho medo de que não dê certo"*. Quem nunca ouviu alguém dizer que tem medo que a panela de pressão exploda, ou que o pudim desmorone na hora de desenformar?

Este capítulo traz receitas que são desafiadoras, para que você realize algo cujo sentimento de medo sempre o impediu. Topa?

Pudim de Milho Verde

PUDIM DE MILHO VERDE

Ingredientes para a calda
- 1/2 xícara (chá) de açúcar
- 1/2 xícara (chá) de água

Modo de preparo da calda
Ferva a água e reserve. Derreta o açúcar em fogo baixo, assim que virar um caramelo, junte a água, que deve estar bem quente.
Mexa bem em fogo baixo para desfazer o açúcar que ficará empedrado neste momento. Assim que a calda voltar a ficar líquida e uniforme, caramelize a forma de alumínio, espalhando pelo fundo e laterais. Reserve.

Ingredientes para o pudim
- 1 lata de milho verde sem a água
- 1 lata de leite condensado
- 250ml de leite
- 4 ovos

Modo de preparo do pudim
Preaqueça o forno em 200°C.
Bata todos os ingredientes no liquidificador, passe por uma peneira para filtrar as pelinhas do milho e coloque na forma caramelizada. Leve para assar em banho-maria por cerca de 1 hora, mas esse tempo pode variar conforme a marca do forno utilizado.
Quando verificar que o pudim está firme na superfície, pode retirá-lo do forno.

Dica: adicione 50g de coco ralado.

Rendimento: 10 porções.

Panqueca de Omelete

PANQUECA DE OMELETE

Ingredientes
- 2 ovos
- 1 pitada de alho em pó
- 1 colher (sopa) de salsinha picada
- 2 fatias de presunto
- 2 fatias de queijo mozzarella
- Sal e pimenta do reino a gosto

Modo de preparo
Bata os ovos com a ajuda de um garfo. Adicione o alho, o sal, a pimenta do reino e a salsinha.
Unte uma frigideira antiaderente com uma fina camada de azeite e coloque os ovos temperados espalhando-os bem por toda a superfície. Abaixe o fogo para mínimo. Quando os ovos começarem a endurecer, coloque as fatias de queijo e presunto e abafe com uma tampa para completar o cozimento. Enrole como uma panqueca e sirva.

Dica: Use peito de peru e queijo magro para uma versão light.

Rendimento: 1 unidade.

Maionese Caseira Temperada

MAIONESE CASEIRA TEMPERADA

Ingredientes
- 1/2 xícara (chá) de leite
- 1 dente de alho
- 1/2 colher (sopa) de mostarda
- 1/3 de xícara (chá) de cheiro verde
- 1 colher (sopa) de suco de limão
- 1 colher (café) rasa de sal
- Óleo de soja o suficiente para dar ponto (de 180ml a 300ml)

Modo de preparo
Coloque todos os ingredientes (exceto o óleo) no copo do liquidificador e bata em velocidade alta.
Conforme for batendo, derrame um fio de óleo através da tampinha menor do liquidificador. É importante que o fio de óleo seja constante. Conforme for vertendo o óleo, a mistura irá endurecer, bata até a consistência desejada. Em geral 1 xícara (chá) de óleo é suficiente, mas isso pode variar um pouco para mais ou menos.

Dica: Retire o cheiro verde da receita e adicione 1 colher (sopa) de ketchup para fazer um delicioso molho rosê.

Rendimento: 1 xícara (chá).

Crepe Integral de Atum

CREPE INTEGRAL DE ATUM

Ingredientes para a massa
- 2 colheres (sopa) de amido de milho
- 2 colheres (sopa) de farinha de trigo comum
- 1/2 xícara (chá) de farinha de trigo integral
- 1 xícara (chá) de leite
- 1 ovo
- 1 colher (de sopa) de óleo
- 1 colher (de café) de sal
- 1 colher (de café) de lemon pepper* (opcional)

* Lemon Pepper é um tempero a base de pimenta do reino e casca de limão

Modo de preparo da massa
Coloque todos os ingredientes no copo do liquidificador e bata bem.
Faça os discos de panqueca usando uma frigideira antiaderente levemente untada (só é preciso untar uma vez, antes de fazer o primeiro disco). Reserve.

Ingredientes para o recheio
- 2 latas de atum (em água) já drenadas
- 5 colheres (sopa) de maionese light
- 1 colher (café) de mostarda
- Sal, pimenta do reino e salsinha a gosto

Modo de preparo do recheio
Misture todos os ingredientes deixando o sal para o fim, colocando-o aos poucos à medida em que for provando.

Montagem
Pegue um disco de massa, espalhe uma fina camada de recheio sobre ele. Dobre ao meio (formando uma meia lua), depois dobre novamente ao meio.

Dica: Sirva com salada.

Rendimento: 5 unidades.

Pudim Light de Laranja

PUDIM LIGHT DE LARANJA

Ingredientes para a calda
- 1/2 xícara (chá) de açúcar
- 1/2 xícara (chá) de suco de laranja

Modo de preparo da calda
Ferva o suco de laranja e reserve.
Derreta o açúcar em fogo baixo, assim que virar um caramelo, junte o suco de laranja, que deve estar bem quente.
Mexa bem para desfazer o açúcar, que ficará empedrado nesse momento.
Assim que a calda voltar a ficar líquida e uniforme, caramelize a forma de alumínio, espalhando pelo fundo e laterais. Reserve.

Ingredientes para o pudim
- 350ml de suco de laranja (de 6 a 8 laranjas)
- Raspas da casca de 1 laranja (opcional)
- 1 colher (sopa) de essência de baunilha
- 3 ovos
- 14 colheres de leite em pó desnatado
- 2/3 de xícara (chá) açúcar ou adoçante em pó para uso culinário

Modo de preparo do pudim
Preaqueça o forno em 200°C.
Bata todos os ingredientes no liquidificador e coloque na forma caramelizada.
Leve para assar em banho-maria por cerca de 1 hora, mas esse tempo pode variar conforme a marca do forno utilizado. Quando verificar que o pudim está firme na superfície, pode retirá-lo do forno.

Dica: Utilize tangerina no lugar da laranja.

Rendimento: 10 porções.

Minestrone

MINESTRONE

Ingredientes
- 2 colheres (sopa) de azeite de oliva
- 500g de músculo bovino picado em cubos pequenos
- 1 cebola picada
- 2 dentes de alho picados
- 1 colher (sopa) de colorau ou colorífico
- 1 tablete de caldo de carne
- 2 xícaras de legumes picados (sugestões: batata, mandioquinha, abobrinha verde, chuchu, cenoura, vagem, ervilhas frescas, etc)
- 4 "ninhos" de macarrão cabelo de anjo
- Sal e pimenta do reino a gosto
- Água fervente o quanto baste

Modo de preparo
Refogue no azeite a cebola e o alho.
Junte a carne e deixe dourar. Some sal e pimenta do reino.
Acrescente 2 xícaras de água fervente e tampe a panela. Após pegar pressão, conte 20 minutos, desligue o fogo e após sair a pressão acrescente os legumes, o colorífico, o caldo de carne, e junte 1,2l de água.
Tampe a panela e leve ao fogo novamente para pegar pressão, dessa vez por 10 minutos. Após esse tempo e com a panela já sem pressão, acrescente o macarrão e deixe cozinhar. Se necessário, acrescente sal.

Dica: Acrescente queijo parmesão na hora de servir.

Rendimento: 4 porções.

Pão de Fibras

PÃO DE FIBRAS

Ingredientes
- 2/3 de copo de água em temperatura ambiente
- 1 colher (sopa) de mel
- 1 colher (sobremesa) de sal
- 1 colher (sopa) de manteiga ou margarina amolecida
- De 2 a 3 copos de farinha de trigo comum
- 1/3 de copo de farelo de trigo
- 1/3 de copo de aveia
- 2 colheres (sopa) de linhaça
- 1 colher (sopa) de fermento seco granulado (próprio para pães)

Modo de preparo
Misture todos os ingredientes e vá adicionando a farinha aos poucos até que a massa desgrude das mãos e vire uma bola uniforme.
Sove por 5 minutos. Sovar é fazer aquele movimento em que você puxa a massa em sua direção com os dedos e empurra com a palma da mão.
Deixe descansar, em uma vasilha, de preferência em local abafado e sem vento por cerca de 1 hora e 30 minutos, ou até dobrar de volume (esse tempo pode variar dependendo da temperatura ambiente). Quando a massa estiver bem crescida, retire o ar batendo com a mão fechada, como se estivesse dando murros. Modele os pães no formato que preferir ou coloque em uma forma retangular. Deixe crescer por mais 30 minutos.
Leve ao forno preaquecido em 180°C por cerca de 40 minutos ou até que fique bem assado. Lembrando que cada forno tem suas peculiaridades e o tempo pode variar.

Dica: Acrescente sementes de chia para deixá-lo ainda mais saudável.

Rendimento: 10 porções.

Ovo " Frito " sem Óleo

OVO "FRITO" SEM ÓLEO

Ingredientes
– 1 ovo
– 1 colher (café) de azeite
– 2 colheres (sopa) de água
– Sal a gosto

Modo de preparo
O elemento mais importante para o sucesso deste ovo é a frigideira antiaderente. Ela deve estar bem conservada e sem arranhões.
Unte a frigideira espalhando o azeite com um papel toalha ou guardanapo de papel por toda sua superfície. Leve-a para aquecer em fogo médio. Aqueça por 15 segundos e quebre o ovo com cuidado no centro da frigideira.
Abaixe o fogo para mínimo e tampe a frigideira para que o ovo cozinhe também na parte superior. Depois de 1 minuto, levante a tampa, acrescente a água e tampe novamente. O vapor, além de ajudar na cocção, vai deixar o ovo macio.
Assim que perceber que a clara está totalmente opaca, sem nenhuma parte transparente, retire o ovo com a ajuda de uma espátula e polvilhe sal sobre ele.

Dica: Acrescente uma pitada de noz-moscada ralada sobre a gema.

Rendimento: 1 porção.

Pamonha de Forno

PAMONHA DE FORNO

Ingredientes
- 2 latas de milho verde (sem a água)
- 1 garrafinha de 200ml de leite de coco
- 2 xícaras de açúcar
- 4 ovos
- 25g de queijo parmesão ralado
- 4 colheres (sopa) de farinha de trigo
- 1 colher (sopa) de fermento em pó

Modo de preparo
Bata todos os ingredientes no liquidificador, deixando para acrescentar o fermento somente no final.
Coloque em uma forma untada e enfarinhada. Leve para assar em forno preaquecido em 200°C até dourar a superfície. Esse tempo pode variar muito dependendo da marca do forno.

Dica: Você pode fazer a versão diet usando adoçante em pó para forno e fogão na mesma quantidade de açúcar.

Rendimento: 10 porções.

Maminha ao Molho de Cebola

MAMINHA AO MOLHO DE CEBOLA

Ingredientes
- 1 kg de maminha cortada em 4 pedaços grandes
- 3 cebolas grandes picadas em pedaços médios
- 3 batatas
- 2 colheres (sopa) de azeite
- 1 envelope de caldo de carne em pó
- 1 colher (café) de sal
- 2 colheres (sopa) de molho de soja
- Pimenta do reino a gosto
- 100ml de água

Modo de preparo
Espalhe o azeite no fundo da panela de pressão e sobre ele faça uma base com as cebolas picadas.
Sobre elas, adicione os pedaços de carne. Por cima de tudo polvilhe o caldo em pó, o sal e a pimenta.
Misture o molho de soja com a água e despeje na panela. Tampe e leve em fogo alto até começar a soltar a pressão.
Abaixe o fogo para mínimo e deixe por 40 minutos. Desligue o fogo, espere sair toda a pressão, abra a panela e retire a carne. Reserve-a.
Ao molho que restou na panela, junte 3 batatas cortadas em 4 partes. Volte para o fogo. Após pegar pressão, deixe 8 minutos em fogo baixo. Cubra a carne reservada com o molho e distribua as batatas.

Dica: Adicione pedaços de bacon magro junto com a carne ainda crua, antes de ir para a pressão, para dar mais sabor.

Rendimento: 4 porções.

Rocambole de Carne Recheado de Provolone

ROCAMBOLE DE CARNE RECHEADO DE PROVOLONE

Ingredientes
- 2 colheres (sopa) de molho de soja
- 2 colheres (sopa) de aveia (flocos ou farelo)
- 3 colheres (sopa) de água
- 1 colher (sopa) de azeite
- 1/2 colher (café) de sal
- 1 colher (café) de mostarda
- 2 dentes de alho picados
- 1/3 de xícara (chá) de salsinha picada
- 1/2 cebola ralada
- 1 xícara de queijo provolone cortado em cubos
- 500g de carne moída

Modo de preparo
Misture todos os ingredientes (exceto a carne e o provolone) e deixe descansar por 10 minutos para hidratar a aveia.
Junte a carne e amasse com as mãos até formar uma massa homogênea.
Sobre uma superfície lisa e untada com azeite, espalhe a massa de carne formando um retângulo. Pressione bem com as mãos.
Espalhe o provolone apenas em uma extremidade do retângulo e enrole como um rocambole. Pressione bem as pontas para não deixar o recheio escapar.
Coloque em forma untada com azeite, forrada com papel manteiga e com mais azeite por cima. Esta é a melhor opção para não grudar.
Você pode levar para assar sobre papel alumínio também, mas ele deve estar untado com muito azeite por cima (entre o alumínio e a carne).
Se você tiver dificuldades nesta etapa, uma alternativa é colocar metade da carne em uma forma para bolo inglês, colocar o queijo e cobrir com o restante da carne.
Leve para assar em forno médio até a superfície dourar. Isso pode variar de 40 minutos a 1 hora e 30 minutos dependendo do seu forno.

Dica: Utilize vagem e cenoura como recheio.

Rendimento: 4 porções.

Pão de Leite Fofinho

PÃO DE LEITE FOFINHO

Ingredientes
- 250ml de leite morno
- 2 ovos
- 2 colheres (sopa) de açúcar
- 1/2 colher (sopa) de sal
- 5g ou 1/2 pacote de fermento biológico seco granulado
- 40ml de óleo de soja
- 1 colher (sopa) de margarina
- 700g de farinha de trigo

Modo de preparo
Bata todos os ingredientes (exceto a farinha) no liquidificador. Despeje a mistura em um recipiente grande e vá acrescentando farinha até desgrudar das mãos. Pode ser que você utilize um pouco menos ou mais da quantidade indicada.
Faça os pães no formato que desejar, coloque em uma assadeira, cubra com um pano de prato umedecido e mantenha em local abafado até dobrar de volume.
O forno NÃO deve estar aquecido, ligue-o somente quando for colocar os pães para assar, em temperatura de 200° C. Mantenha no forno até dourar a superfície.

Dica: Utilize presunto e queijo e faça pães recheados.

Rendimento: Aproximadamente 18 pãezinhos.

Costelinhas de Porco com Laranja e Mel

COSTELINHAS DE PORCO COM LARANJA E MEL

Ingredientes
- 1 saco plástico limpo e sem furos
- Suco de 1 laranja
- 1 colher (sopa) de mel
- 3 colheres (sopa) de molho de soja (shoyu)
- 1 colher (café) cheia de sal
- 1 colher (sopa) de mostarda
- 1 colher (café) de colorífico ou colorau
- Pimenta do reino de acordo com seu gosto
- 1 cebola picada em pedaços médios
- 4 dentes de alho picados ou triturados
- 1 kg de costelinha de porco em pedaços

Modo de preparo
Abra o saco plástico, coloque todos os ingredientes dentro. Dê um nó na parte que sobrou do saco (ou amarre).
Misture tudo, massageando a costelinha para envolvê-la bem no tempero. O ideal é que fique pelo menos 2 horas marinando antes de ir ao fogo, mas este processo pode ser feito com até 2 dias de antecedência, desde que a carne seja mantida na geladeira.
Na hora de ir para o fogo, despeje todo o conteúdo do saco na panela de pressão (carne e temperos). Não é necessário adicionar água. Assim que pegar pressão reduza o fogo para mínimo e conte 15 minutos. Desligue e deixe descansar por uns 10 minutos ou até sair toda a pressão. Abra e pronto. É só servir.

Dica: Você pode adicionar batatas cozidas e envolvê-las no molho para serem servidas junto com a carne.

Rendimento: 4 porções.

Almôndegas Fritas Perfeitas

ALMÔNDEGAS FRITAS PERFEITAS

Ingredientes
- 400g de carne moída
- 2 pães (tipo francês ou "de sal"), preferencialmente amanhecidos
- 1 ovo
- 2 tomates sem semente picados
- 1 cebola picada
- 3 dentes de alho picados
- 2 colheres (sopa) de azeite de oliva
- 1/2 xícara (chá) de cheiro verde picado
- Sal e pimenta do reino a gosto

Modo de preparo
Retire a casca dos pães bem superficialmente e descarte. Pique-os grosseiramente e coloque de molho em água por 5 minutos. A água deve cobrir os pães.
Após este tempo, esprema-os com as mãos como se fosse uma "bucha" e retire todo o excesso de líquido.
Misture a carne, o pão e todos os outros ingredientes até formar uma massa uniforme.
Para saber se a quantidade de sal está adequada, retire um pouquinho da massa, doure em uma frigideira antiaderente e prove.
Faça bolinhas e frite-as em óleo quente.

Dica: Se você preferir, pode assar as almôndegas em forno quente. Nesse caso, em vez de bolinhas, faça um disco mais achatado, como um hambúrguer.

Rendimento: aproximadamente 30 unidades.

Alegria

Vários podem ser os motivos que nos deixam alegres, mas eles sempre estão relacionados a algo que nos dá prazer.

A alegria é a emoção mais contagiante de todas. Pessoas felizes são mais predispostas ao contato físico, abraçam mais, beijam mais. Pessoas alegres são mais positivas e possuem mais energia vital, necessária para se atingir os objetivos pessoais. Por isso, é comum que pessoas vitoriosas, aquelas que tiveram êxito em seus projetos, sejam pessoas enérgicas, motivadas ou simplesmente alegres.

Alegria e amor caminham lado a lado, são emoções parceiras, que nos impulsionam, nos fornecem combustível para a vida.

Obviamente, ninguém consegue estar feliz o tempo todo, mas quando possuímos alegria de viver enfrentamos as dificuldades de maneira mais sábia, mais positiva. Felicidade não significa ausência de obstáculos, mas sim, a maneira como vamos superá-los.

Alegria para mim é como uma colcha de retalhos formada por pequenos momentos especiais. É o almoço de domingo, é fazer sozinha um bolo de aniversário, o drink no fim do dia, é preparar um jantar romântico, enfim, na cozinha existem vários momentos felizes e foi assim que eu escolhi as receitas a seguir. Pensando em celebrar aqueles pedacinhos do tempo que fazem a vida valer a pena. Porque alegria tem de ser celebrada!

Batatas Picantes

BATATAS PICANTES

Ingredientes
- 4 batatas médias
- 4 colheres (sopa) de azeite de oliva
- 1 colher (café) de curry
- 1 colher (café) de páprica picante
- 1 colher (café) de alho em pó
- 1 colher (café) de sal
- 2 colheres (sopa) de ervas secas de sua preferência

Modo de preparo
Comece lavando as batatas com casca e cortando-as em 8 partes. Se você optar por batatas menores, o tempo de forno será menor e elas tendem a ser mais macias.
Forre uma travessa com 2 camadas de papel alumínio ou papel manteiga. Tempere as batatas com todos os ingredientes da receita (azeite e temperos). Coloque sobre o papel alumínio e leve ao forno em 200°C.
Abra o forno a cada 10 minutos e vire as batatas com cuidado para dourarem de todos os lados. Mantenha as batatas no forno até estarem macias por dentro; isso pode levar de 30 minutos a 1 hora e 30 minutos, dependendo da marca do forno utilizado e da qualidade das batatas.

Molho para acompanhar
Misture 4 colheres (sopa) de creme de ricota com 1 colher (sopa) de suco de limão e sal de acordo com seu gosto.

Dica: Você pode utilizar as ervas e temperos de sua preferência e fazer batatas com várias combinações diferentes.

Rendimento: 4 porções

Fraldinha Assada na Mostarda

FRALDINHA ASSADA NA MOSTARDA

Ingredientes
- 1 peça de fraldinha de até 1 kg
- 2 colheres (sopa) de manteiga em temperatura ambiente
- 2 colheres (sopa) de mostarda
- 1 colher (sopa) de alho triturado
- Sal e pimenta a gosto

Modo de preparo
Comece polvilhando sal e pimenta dos dois lados da peça de fraldinha. Em seguida, misture a manteiga, a mostarda e o alho e espalhe por toda a superfície da carne, de ambos os lados.
Preaqueça o forno em 220°C por pelo menos 10 minutos.
Forre uma assadeira com papel manteiga ou alumínio. Coloque a carne sobre ela e leve ao forno.
A cada 15 minutos, abra o forno e espalhe sobre a carne a mistura de manteiga e mostarda que vai derretendo e ficando no fundo da assadeira. O tempo de forno pode variar conforme a marca do aparelho e qualidade da carne, mas estará pronta em aproximadamente 1 hora.

Dica: Cozinhe as batatas e ao tirar a carne do forno, esfregue-as na borra que sobrar na assadeira. Elas ficarão saborosas e douradas.

Rendimento: 4 porções

Massa com Pesto de Brócolis e Alho-Poró

MASSA COM PESTO DE BRÓCOLIS E ALHO-PORÓ

Ingredientes
- 300g de massa curta
- 150g de brócolis separado em buquês
- 2 talos de alho-poró em rodelas
- 4 colheres (sopa) de azeite de oliva
- 3 dentes de alho picados
- 1/2 cebola picada
- 1 envelope de caldo de legumes em pó
- 2 colheres (sopa) de creme de leite
- Sal a gosto
- 1 litro de água fervente (utilize apenas o necessário para cozinhar os legumes)

Modo de preparo
Coloque a massa para cozinhar conforme instruções da embalagem. Enquanto isso, refogue o alho e a cebola no azeite. Junte o brócolis e misture. Vá pingando água fervente aos poucos e tampando a panela para o brócolis amolecer.
Quando o brócolis estiver macio, adicione o alho-poró e continue pingando água para que ele murche. Polvilhe o caldo de legumes e misture bem.
Quando os vegetais estiverem bem cozidos, junte 1/2 xícara (chá) de água fervente e triture tudo com um mixer (ou bata no liquidificador). Junte o creme de leite e acerte o sal se necessário.
Escorra a massa, misture o molho pesto e sirva ainda quente.

Dica: Sirva polvilhado com um bom parmesão ralado.

Rendimento: 2 a 3 porções

Legumes na Manteiga

LEGUMES NA MANTEIGA

Ingredientes
- 1 batata grande sem casca picada em cubos médios
- 1 cenoura sem casca picada em cubos médios
- 1/2 xícara de vagens picadas em pedaços de 4cm
- 5 buquês de brócolis
- 2 colheres (sopa) de manteiga
- 2 colheres (sopa) de salsinha picada no menor tamanho possível
- Sal e pimenta do reino a gosto

Modo de preparo
Leve para cozinhar em água fervente a batata, a cenoura e as vagens. Após cinco minutos de fervura junte o brócolis. Mantenha por mais alguns minutos em fervura, mas é importante que os legumes fiquem macios, porém não moles demais. Escorra-os e reserve.
Em uma frigideira, aqueça a manteiga em fogo baixo, tomando cuidado para que ela não queime. Quando estiver totalmente derretida, junte os legumes.
Misture bem, tempere com sal e pimenta do reino e polvilhe a salsinha.

Dica: Sirva polvilhado com parmesão ralado no lugar da salsinha.

Rendimento: 4 porções

Farofa de Calabresa

FAROFA DE CALABRESA

Ingredientes
- 1 gomo de linguiça calabresa picada
- 3 colheres (sopa) de azeite
- 1 cebola picada
- 2 dentes de alho picados
- 1/2 xícara (chá) de ervilhas frescas cozidas
- 1/2 xícara (chá) de milho verde
- 1 xícara de farinha de milho amarela em flocos
- 1/2 xícara de cheiro verde picado
- Sal e pimenta do reino a gosto

Modo de preparo
Refogue a calabresa no azeite e antes de estar completamente dourada, junte o alho e a cebola. Refogue por mais 2 minutos. Acrescente a ervilha e o milho e mantenha no fogo até todos os ingredientes estarem bem misturados. Some a farinha, o cheiro verde e misture. Acerte o sal e polvilhe pimenta do reino.

Dica: Experimente usar uma farinha temperada, hoje existem vários sabores disponíveis nos supermercados.

Rendimento: 6 porções

Linguicinha Caramelizada na Sidra

LINGUICINHA CARAMELIZADA NA SIDRA

Ingredientes
- 1 pacote de 240g (4 unidades) de linguiça fininha tipo calabresa cozida e defumada
- 300ml de sidra (bebida alcoólica feita de maçã)

Modo de preparo
Pique a linguicinha em pedaços de 3 centímetros. Leve ao fogo para que ela solte a própria gordura e fique mais crocante.
Adicione a sidra e mexa até ela reduzir. Mantenha em fogo médio até que todo o líquido evapore e sobre um caramelo fino sobre as linguicinhas. Elas ficarão brilhantes e adocicadas.

Dica: Adicione 2 colheres (sopa) de vinagre balsâmico junto com a sidra.

Rendimento: 4 porções

Salada de Batatas

SALADA DE BATATAS

Ingredientes
- 4 batatas médias
- 4 colheres (sopa) de maionese
- 2 colheres (sopa) de creme de ricota ou creme de leite
- 1 colher (sopa) de mostarda
- Sal e pimenta do reino de acordo com seu gosto
- 1/2 xícara (chá) de cebolinha verde picada

Modo de preparo
Descasque e pique as batatas em pedaços médios. Cozinhe em água fervente ou vapor, até que fiquem macias. Deixe esfriar. Misture a maionese, a mostarda e o creme de ricota. Acerte o sal e adicione pimenta do reino. Jogue a mistura sobre as batatas e mexa cuidadosamente. Polvilhe a cebolinha. Sirva bem gelada.

Dica: Adicione alho triturado junto ao creme que envolve as batatas para um sabor mais marcante.

Rendimento: 4 porções

Torres de Berinjela

TORRES DE BERINJELA

Ingredientes
- 2 colheres (sopa) de azeite
- 8 fatias de berinjela (em rodelas) com cerca de 1,5cm de espessura (com casca)
- 8 fatias do queijo de sua preferência (queijo branco, de búfala, etc)
- 8 fatias de tomate (em rodelas)
- 2 colheres (sopa) de queijo parmesão ralado
- Sal e pimenta do reino de acordo com seu gosto
- 1 colher (sopa) de molho pesto ou azeite de manjericão para finalizar o prato
- 4 folhas de manjericão para a decoração

Modo de preparo
Preaqueça o forno em 200°C.
Grelhe as rodelas de berinjela com um pouco de azeite. Tempere com sal e pimenta.
Tempere também as rodelas de tomate com sal e pimenta.
Para montar este prato, o ideal é que as fatias de berinjela, tomate e queijo sejam do mesmo tamanho. Você pode usar um cortador em círculo ou a boca de um copo para dar o formato à fatia de queijo.
Em uma assadeira untada com um pouco de azeite monte as torres nesta sequência:
1 fatia de berinjela, 1 fatia de tomate e 1 fatia de queijo. Repita a sequência mais uma vez e finalize com queijo parmesão. Espete um palito de dentes ao centro para manter o formato. Leve ao forno apenas para gratinar o parmesão.
Regue com o molho pesto e decore com a folhinha de manjericão.

Dica: Batendo no liquidificador 1 punhado de folhas de manjericão e um fio de azeite, você consegue um molho verdinho para decorar o prato.

Rendimento: 4 porções

Abobrinha Recheada com Atum

ABOBRINHA RECHEADA COM ATUM

Ingredientes do recheio
- 1 batata média cozida e amassada (deixe esfriar antes de usar)
- 1 lata de atum sólido em água (drenado)
- 1/2 cebola picada
- 1 tomate sem semente picado
- 1 colher (sopa) de alcaparras (opcional)
- 2 colheres (sopa) de maionese light
- Sal e pimenta do reino a gosto
- 3 abobrinhas
- Queijo parmesão ralado a gosto

Modo de preparo do recheio
Misture tudo, exceto as abobrinhas e o queijo, e reserve. Esta quantidade de recheio é suficiente para umas 10 unidades, ou aproximadamente 3 abobrinhas cortadas em rodelas altas.

Montagem
Corte as abobrinhas e com uma faca afiada retire o miolo (deixando-as como copinhos). Leve para cozinhar em água já fervente por 2 minutos. Retire da água e enxugue-as bem. Passe um pouco de sal na parte interna e externa.
Coloque as abobrinhas em uma forma ou refratário untado com bastante óleo ou azeite. Com uma colherinha, preencha a cavidade com o recheio e salpique parmesão ralado.
Leve ao forno, em temperatura 200°C, apenas para aquecer e derreter o queijo.
Retire com cuidado da forma, porque ela dá uma "pegadinha" embaixo, mas se estiver bem untada soltará com facilidade.

Dica: Faça barcas maiores usando metade da abobrinha cortada no sentido longitudinal.

Rendimento: 10 unidades.

Bolinho de Canela

BOLINHO DE CANELA

Ingredientes
- 1 ovo
- 1 colher (sopa) de óleo
- 1 colher (sopa) de vinagre branco
- 2/3 copo (tipo de requeijão) de açúcar
- 1 colher (chá) de fermento em pó
- Farinha até dar ponto (de 300g a 500g aproximadamente)
- Açúcar e canela o suficiente para envolver os bolinhos prontos

Modo de preparo
Misture todos os ingredientes (exceto o açúcar e a canela) até formar uma massa uniforme que desgrude das mãos.
Sobre uma superfície enfarinhada, enrole a massa como se estivesse fazendo uma cobra com espessura de um dedo.
Corte em pedacinhos pequenos (como se estivesse fazendo nhoque), pois durante a fritura os bolinhos dobram de volume.
Frite em pequenas porções no óleo quente, vá retirando com a escumadeira e colocando em um recipiente fundo com açúcar e canela. Deixe esfriar e guarde em recipiente tampado.

Dica: Adicione licor essência de laranja à massa para dar um sabor diferente.

Rendimento: 4 porções.

Massa de Pizza Fácil

MASSA DE PIZZA FÁCIL

Ingredientes
- 200g de iogurte natural de consistência firme
- Farinha com fermento até dar ponto (aproximadamente 2 xícaras)
- 2 colheres rasas (café) de sal

Modo de preparo
Misture os ingredientes acima até formar uma bola. Sove por 5 minutos. Cubra com plástico filme e deixe descansar por 1 hora em local abafado, como, por exemplo, dentro do micro-ondas. Preaqueça o forno em 200°C por 15 minutos. Abra a massa sobre uma forma de pizza (não necessita untar). Essa massa é bem maleável e não precisa usar o rolo, é possível abri-la usando apenas as mãos. O ideal é que a massa fique o mais fina possível.
Faça furinhos na superfície com um garfo e leve ao forno por 5 minutos para assar levemente.
Retire a massa do forno (mantenha o forno ligado), espalhe uma camada de molho e a cobertura de sua preferência. Volte ao forno para terminar de assar, apenas o tempo de derreter o queijo e a massa ficar dourada por baixo.

Dica: Faça pizzas individuais usando um aro para cortar em círculos pequenos.

Rendimento: 1 disco ou 8 pedaços.

Cestinhas de Frango

CESTINHAS DE FRANGO

Ingredientes
- 15 discos pequenos de massa de pastel
- 2 xícaras (chá) de peito de frango cozido e desfiado
- 6 colheres (sopa) de champignon picadinho
- 1 tomate sem pele e sem semente picado
- 3 colheres (sopa) de cebolinha verde picada
- 1 colher (sopa) de mostarda comum amarela
- 2/3 de pote de requeijão cremoso
- Sal e pimenta do reino a gosto

Modo de preparo
Acomode os discos de massa em forminhas de empada e leve para assar em temperatura de 200°C. Não é necessário untar.
As cestinhas assam rapidamente e como cada forno tem suas peculiaridades, o ideal é ficar de olho. Assim que as bordas ficarem douradas, retire do forno.
Desenforme e deixe esfriar.
Misture os demais ingredientes, recheie e sirva.

Dica: Depois de frias, e antes de rechear, as massinhas de pastel duram até 3 dias sem perder a crocância se guardadas em local seco e bem vedado.

Rendimento: 15 unidades.

Arroz com Lentilha e Linguiça

ARROZ COM LENTILHA E LINGUIÇA

Ingredientes
- 1 cebola pequena picada
- 2 dentes de alho picados
- 1 xícara de linguiça tipo calabresa fininha picada em rodelas
- 1 tomate sem semente picado
- 1 xícara (chá) de lentilha
- 1/2 xícara (chá) de pimentão amarelo picado em cubos
- 1 xícara (chá) de arroz
- Sal e pimenta a gosto
- Salsinha para decorar

Modo de preparo
Comece deixando a lentilha de molho em água por 2 horas. Após este tempo, escorra e descarte a água.
Refogue a linguiça, a cebola e o alho com um pouco de azeite.
Junte o pimentão e o tomate e misture bem.
Some a lentilha e em seguida o arroz. Acrescente o sal e a pimenta do reino.
Cubra com água fervente, como se faz normalmente no preparo de arroz branco. Deixe a panela tampada, mas com uma folguinha para sair o vapor em fogo baixo até o arroz estar bem cozido.
Salpique salsinha na hora de servir.

Dica: Você pode usar o arroz integral para deixar este prato ainda mais saudável. Nesse caso, sugiro cozinhar o arroz separadamente e misturá-lo aos demais ingredientes na finalização.

Rendimento: 4 porções.

Pudim de Leite Condensado

PUDIM DE LEITE CONDENSADO

Ingredientes para a calda
– 1/2 xícara (chá) de açúcar
– 1/2 xícara (chá) de água

Modo de preparo da calda
Ferva a água e reserve. Derreta o açúcar em fogo baixo, assim que virar um caramelo, junte a água, que deve estar bem quente. Mexa bem em fogo baixo para desfazer o açúcar que ficará empedrado neste momento. Assim que a calda voltar a ficar líquida e uniforme caramelize a forma de alumínio, espalhando pelo fundo e laterais. Reserve.

Ingredientes para o pudim
– 1 lata de leite condensado
– 350ml de leite
– 3 ovos grandes
– 1 colher (sopa) de amido de milho

Modo de preparo do pudim
Preaqueça o forno em 200ºC.
Bata todos os ingredientes no liquidificador e coloque na forma já caramelizada. Leve para assar em banho-maria por cerca de 1 hora, mas este tempo pode variar conforme a marca do forno utilizado. Quando verificar que o pudim está firme na superfície, pode retirá-lo do forno.

Dica: Use o leite condensado cozido ou doce de leite no lugar do leite condensado para ter um pudim moreninho.

Rendimento: 8 porções.

ANOTAÇÕES PARA DIAS DE RAIVA

ANOTAÇÕES PARA DIAS DE RAIVA

ANOTAÇÕES PARA DIAS DE TRISTEZA

ANOTAÇÕES PARA DIAS DE TRISTEZA

ANOTAÇÕES PARA DIAS DE MEDO

ANOTAÇÕES PARA DIAS DE MEDO

ANOTAÇÕES PARA DIAS DE ALEGRIA

ANOTAÇÕES PARA DIAS DE ALEGRIA

Para saber mais sobre nossos lançamentos, acesse:
www.belasletras.com.br